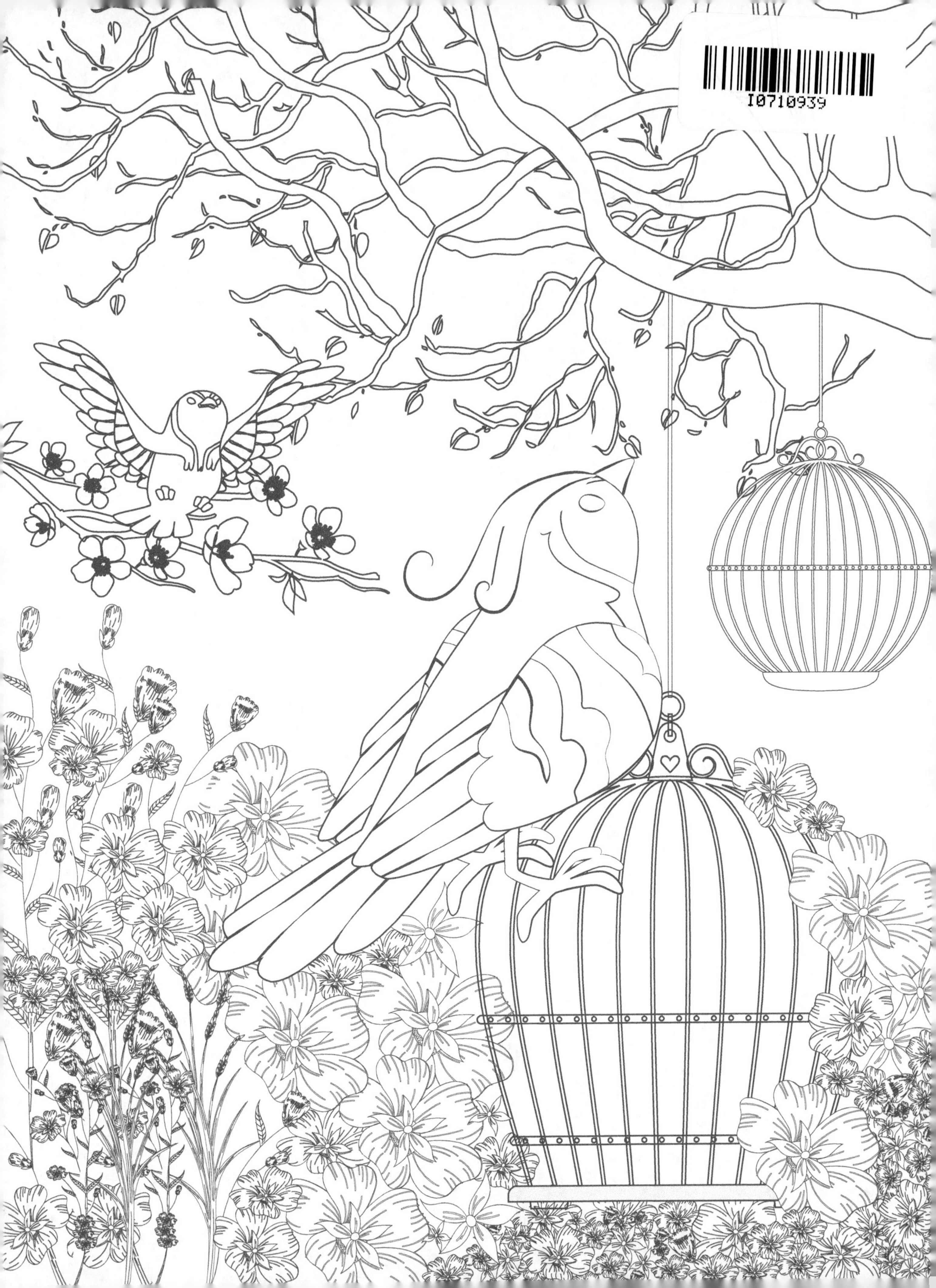
I0710939

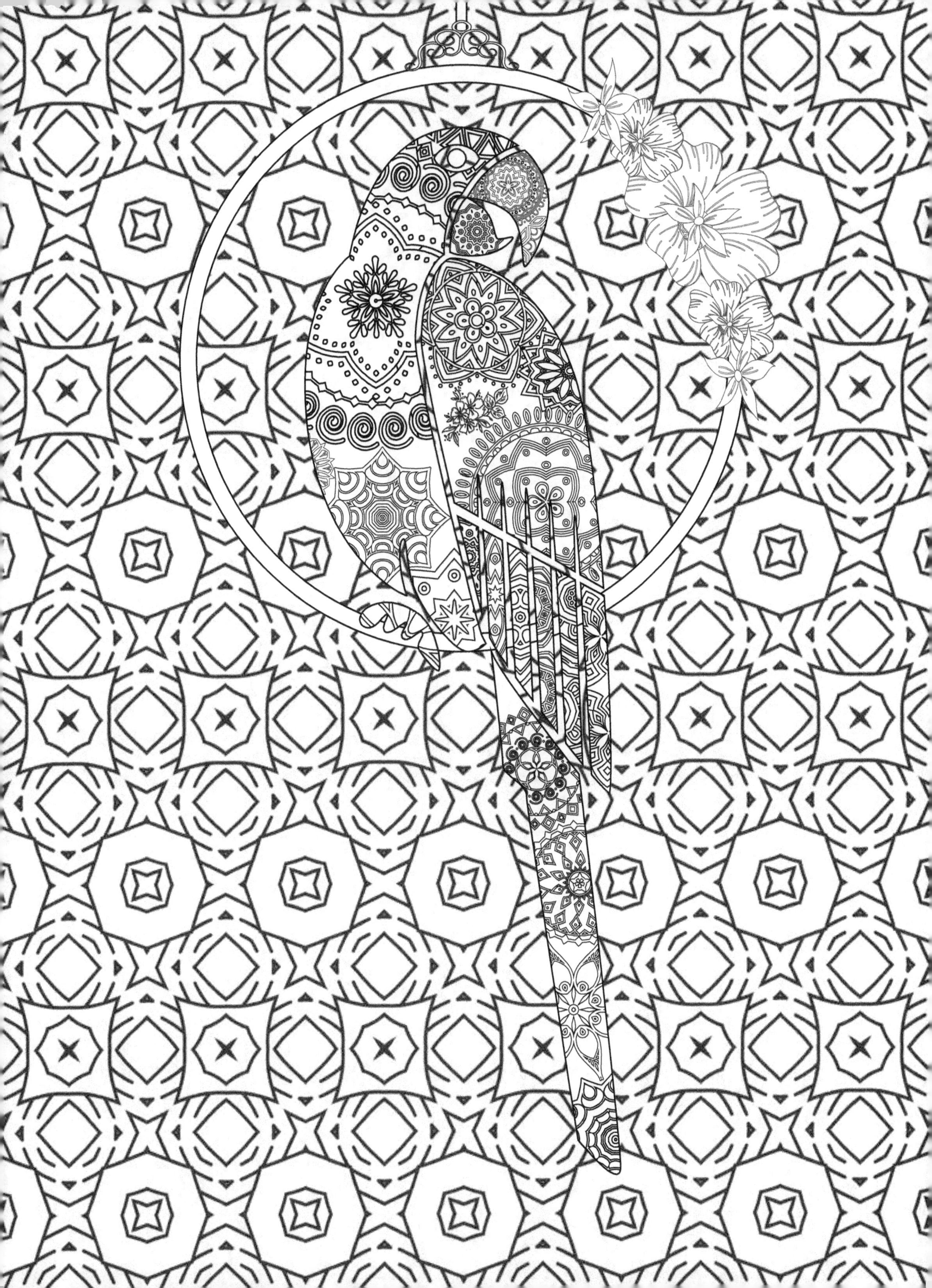

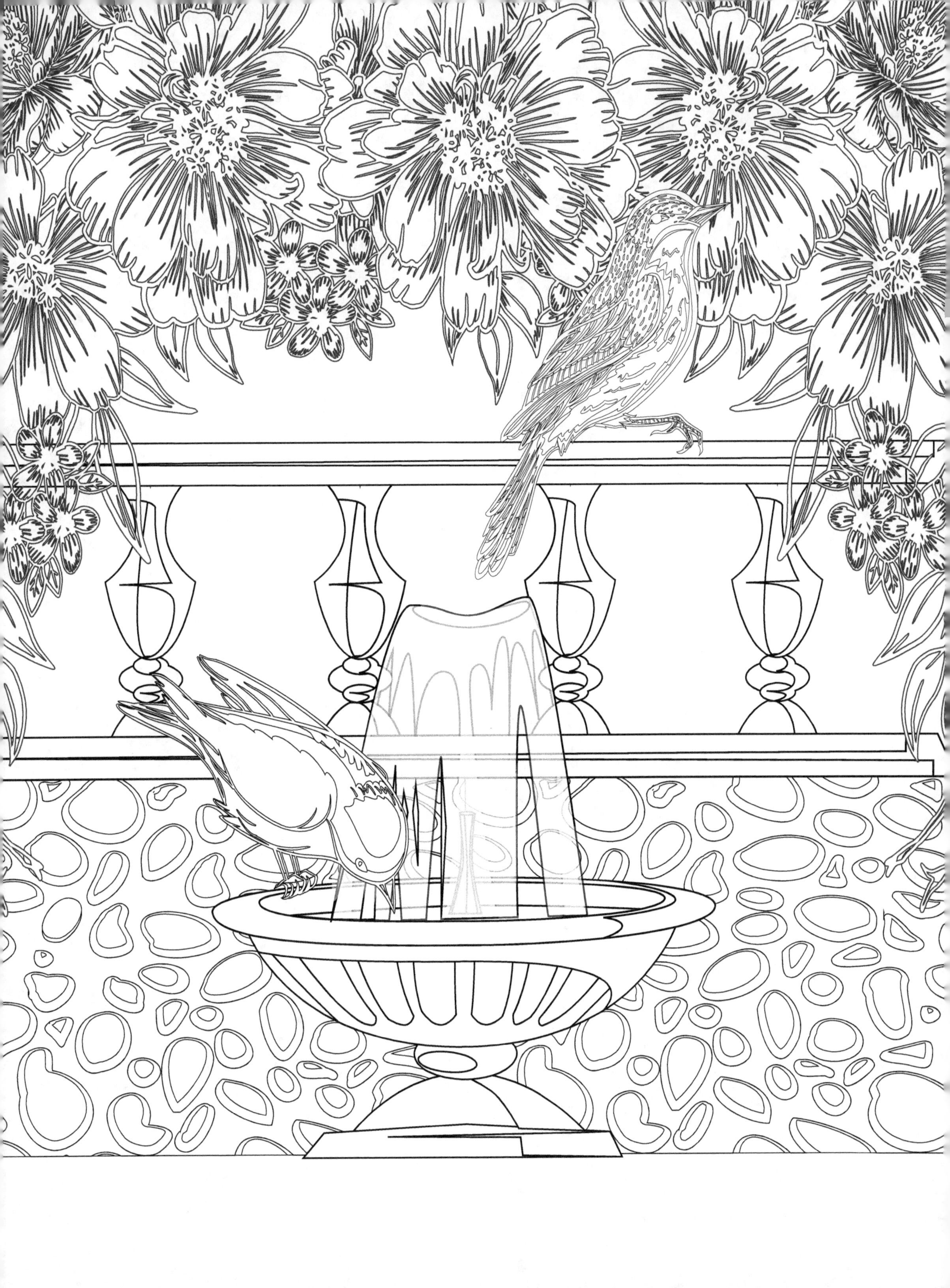

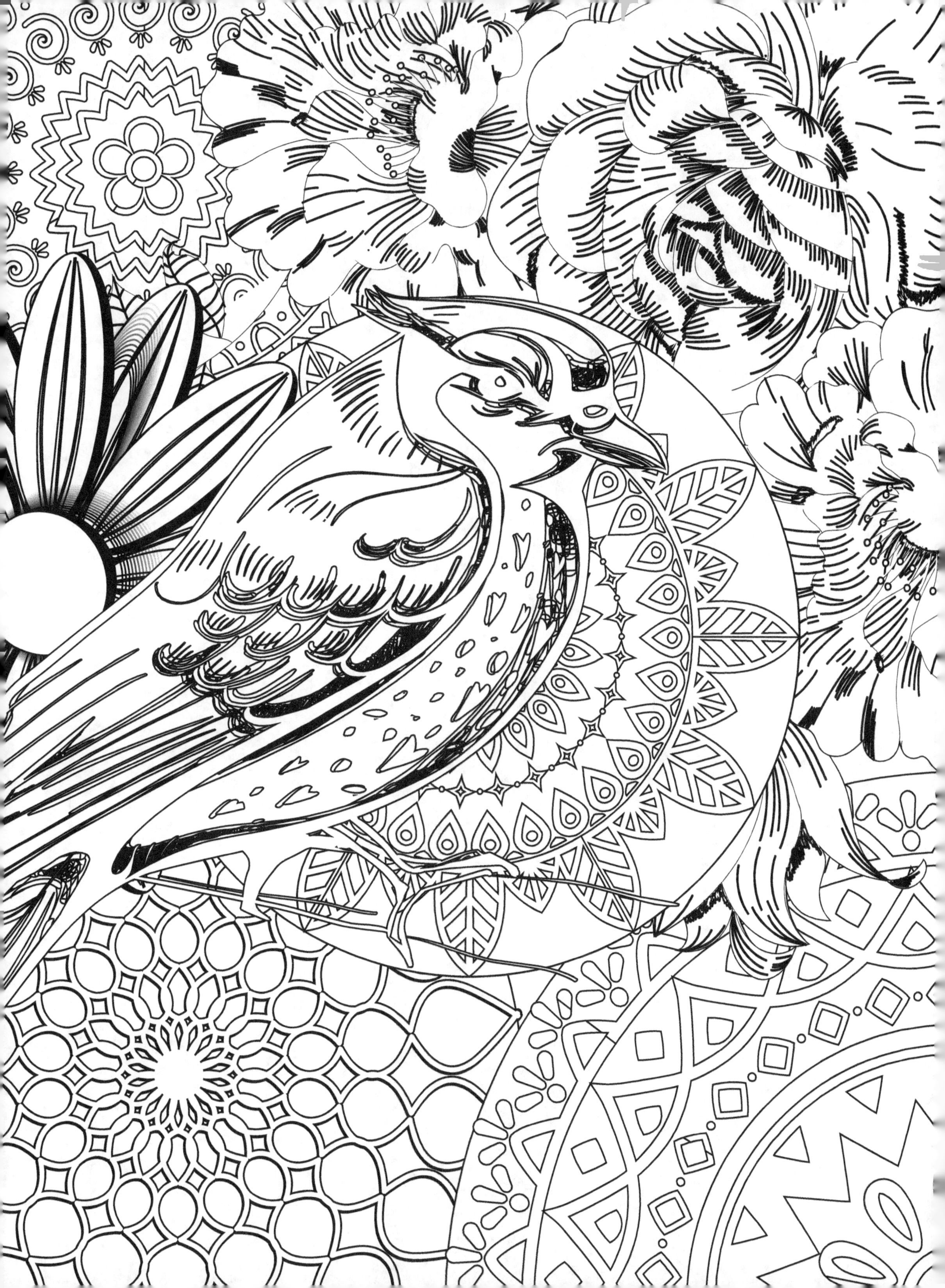

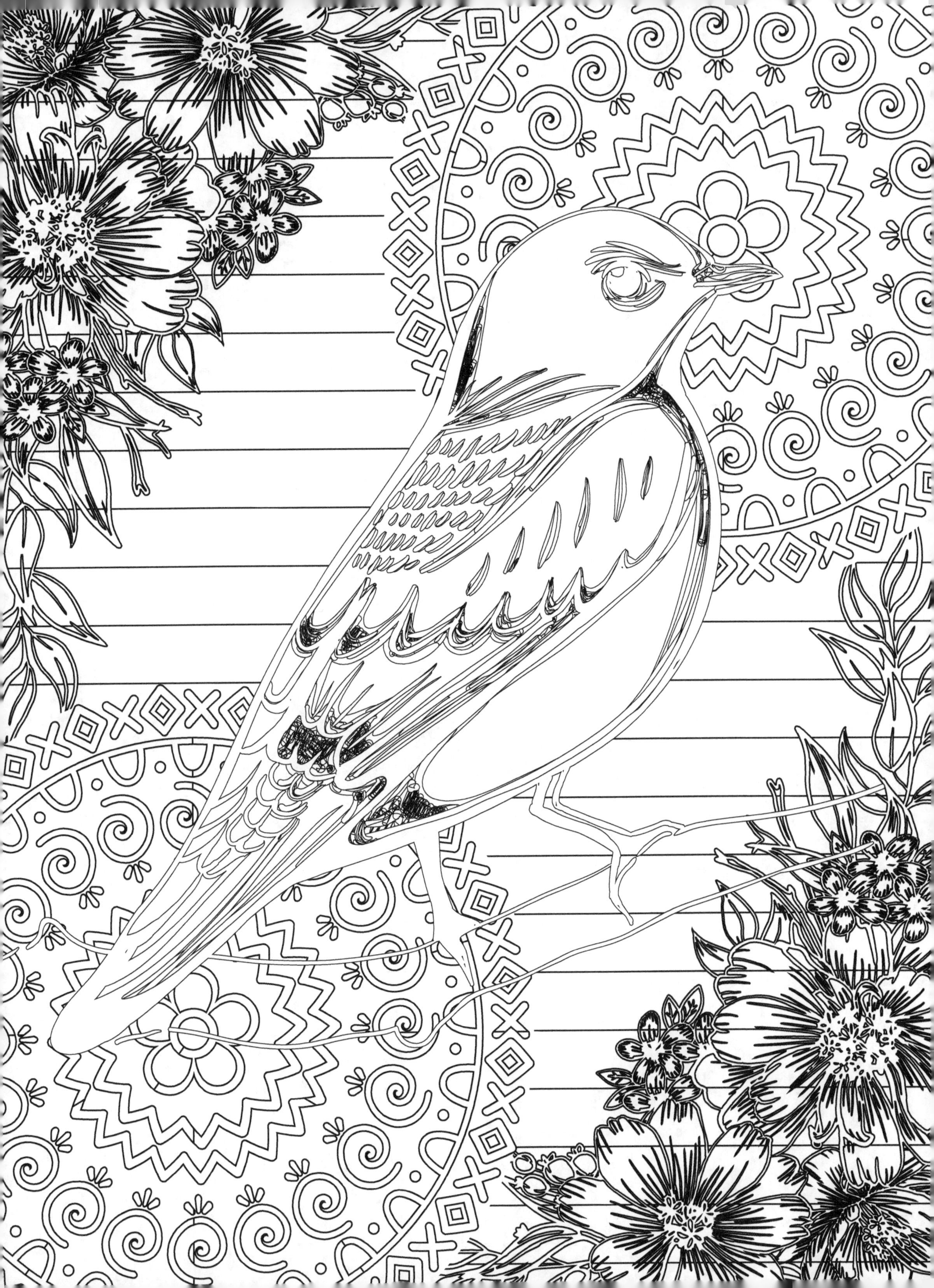

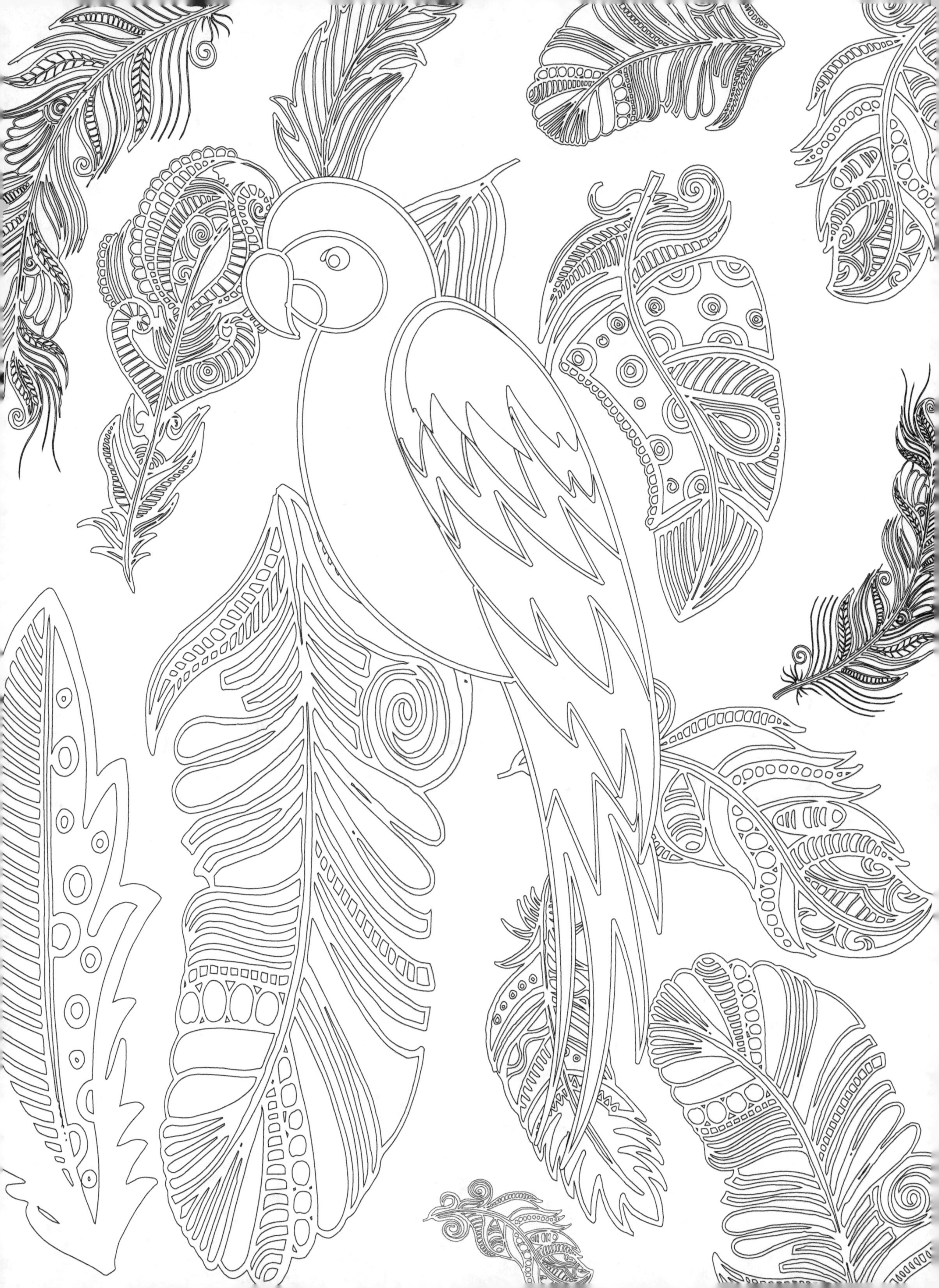

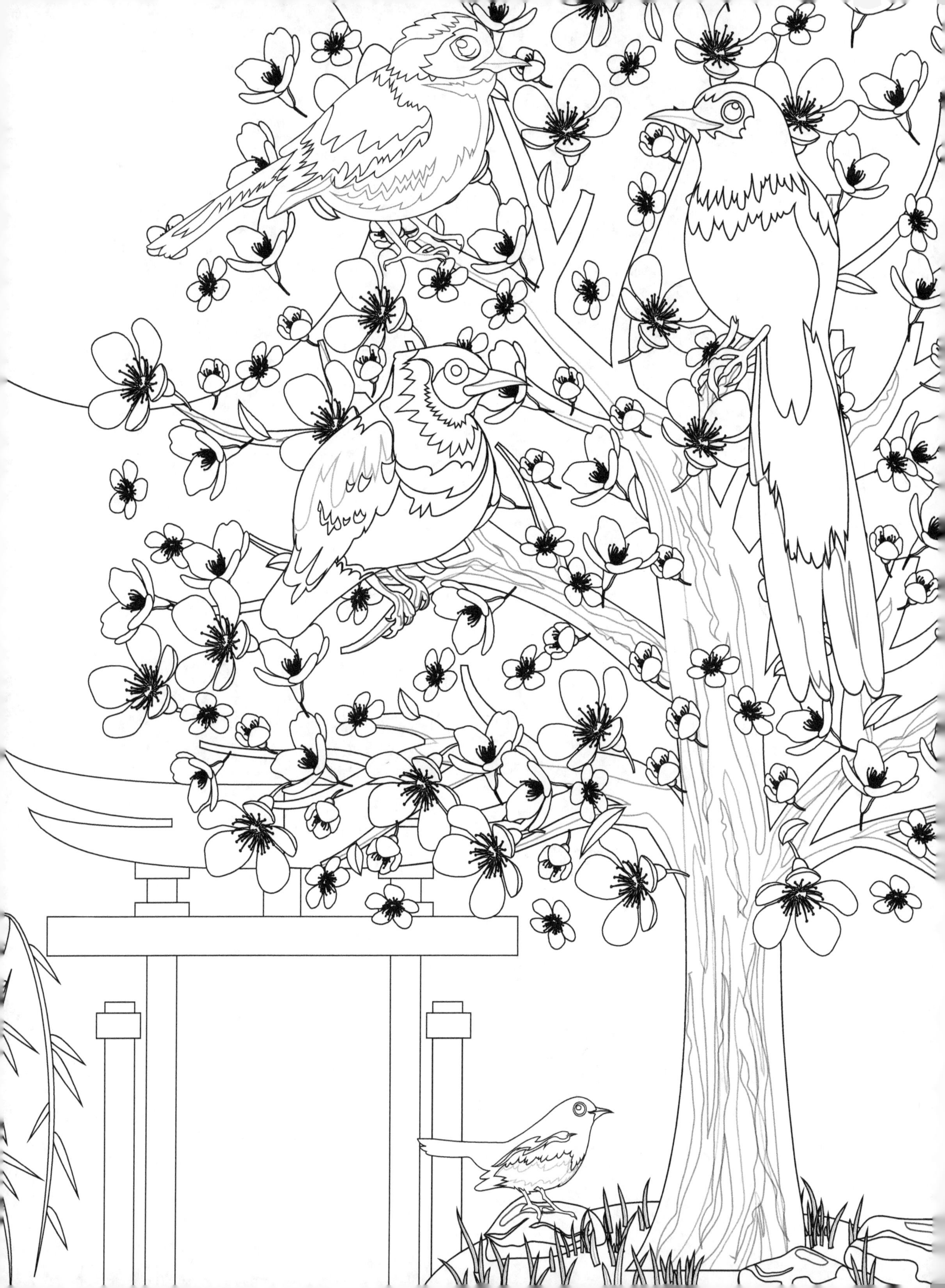

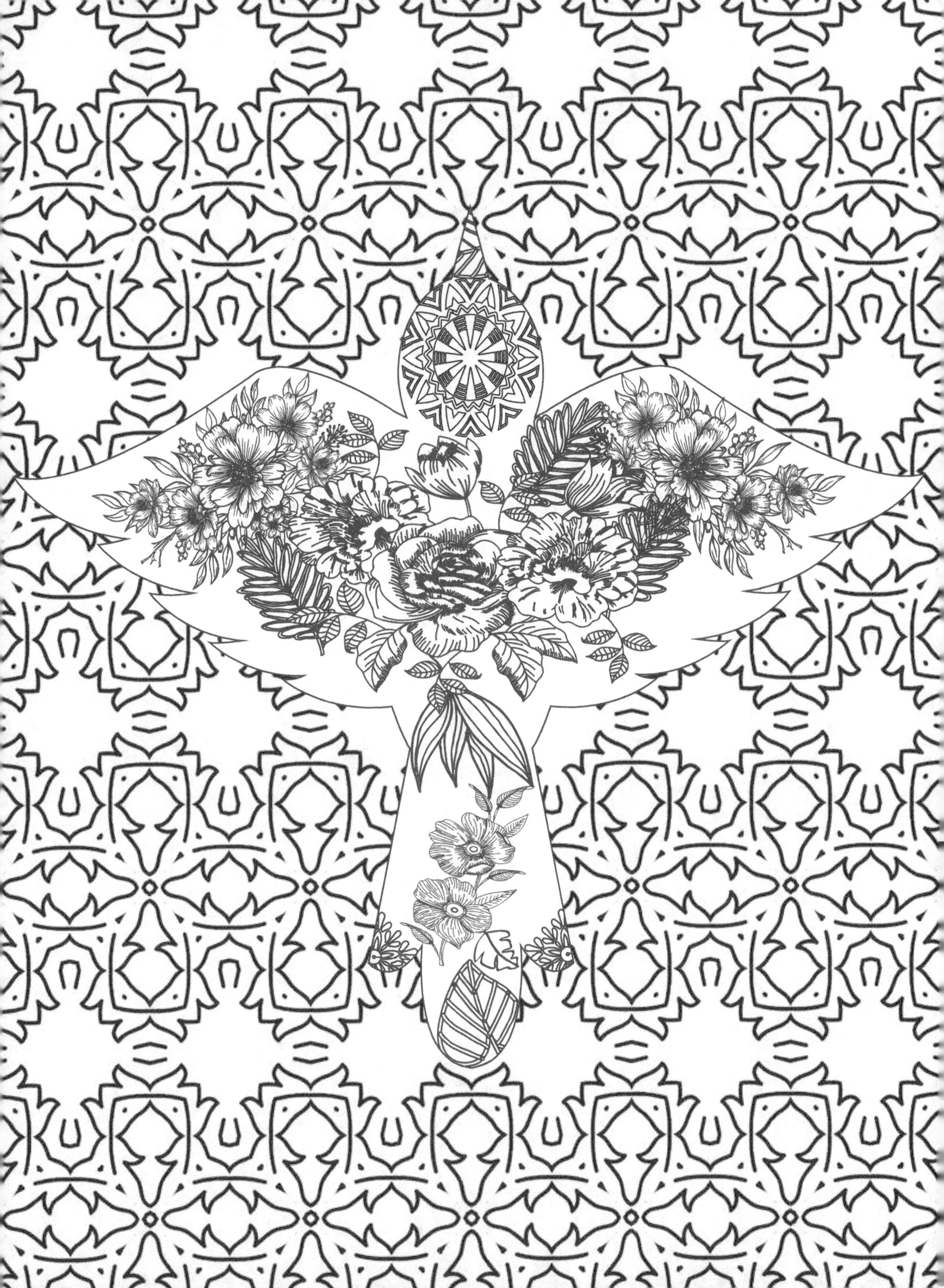

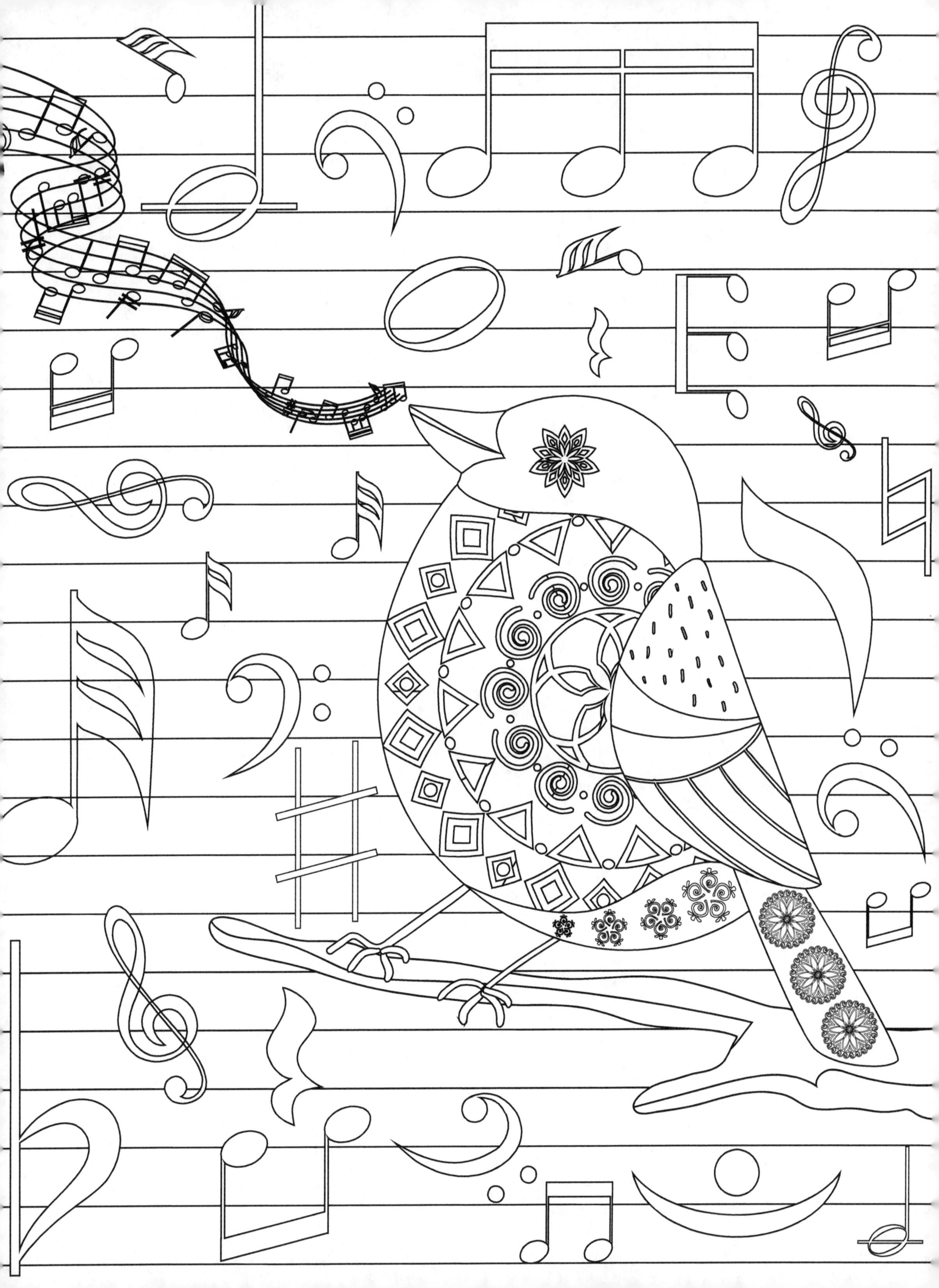

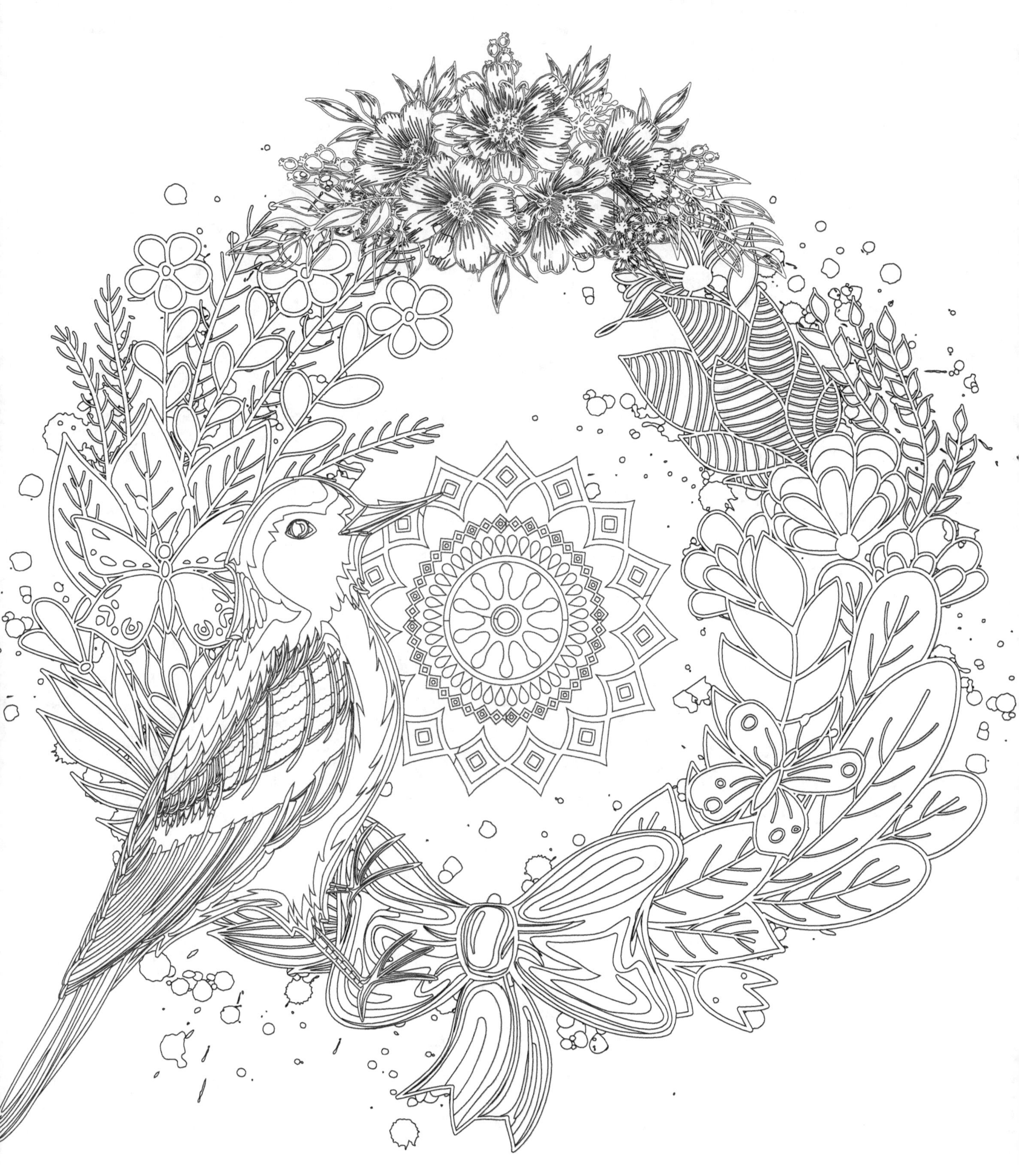

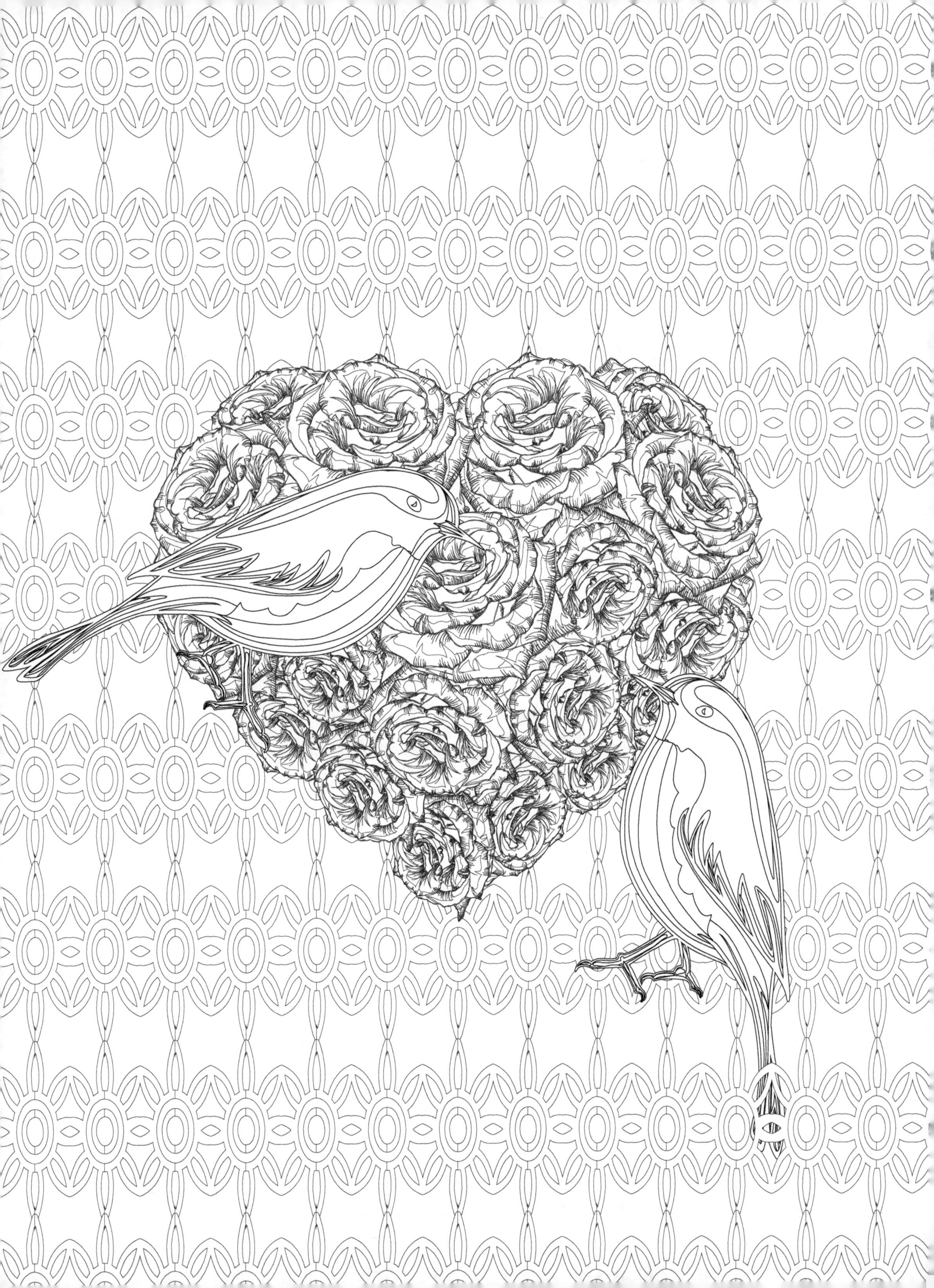

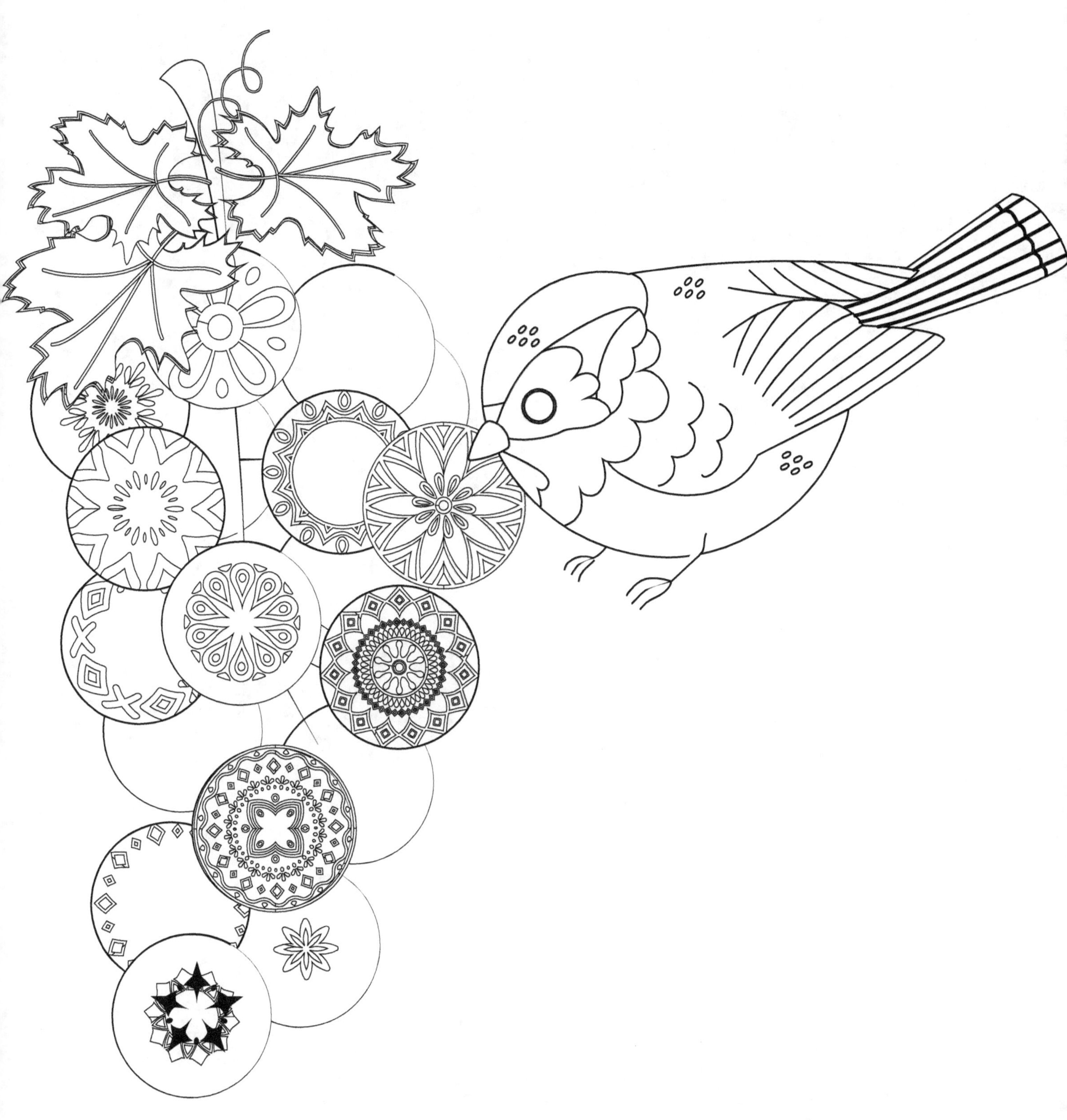

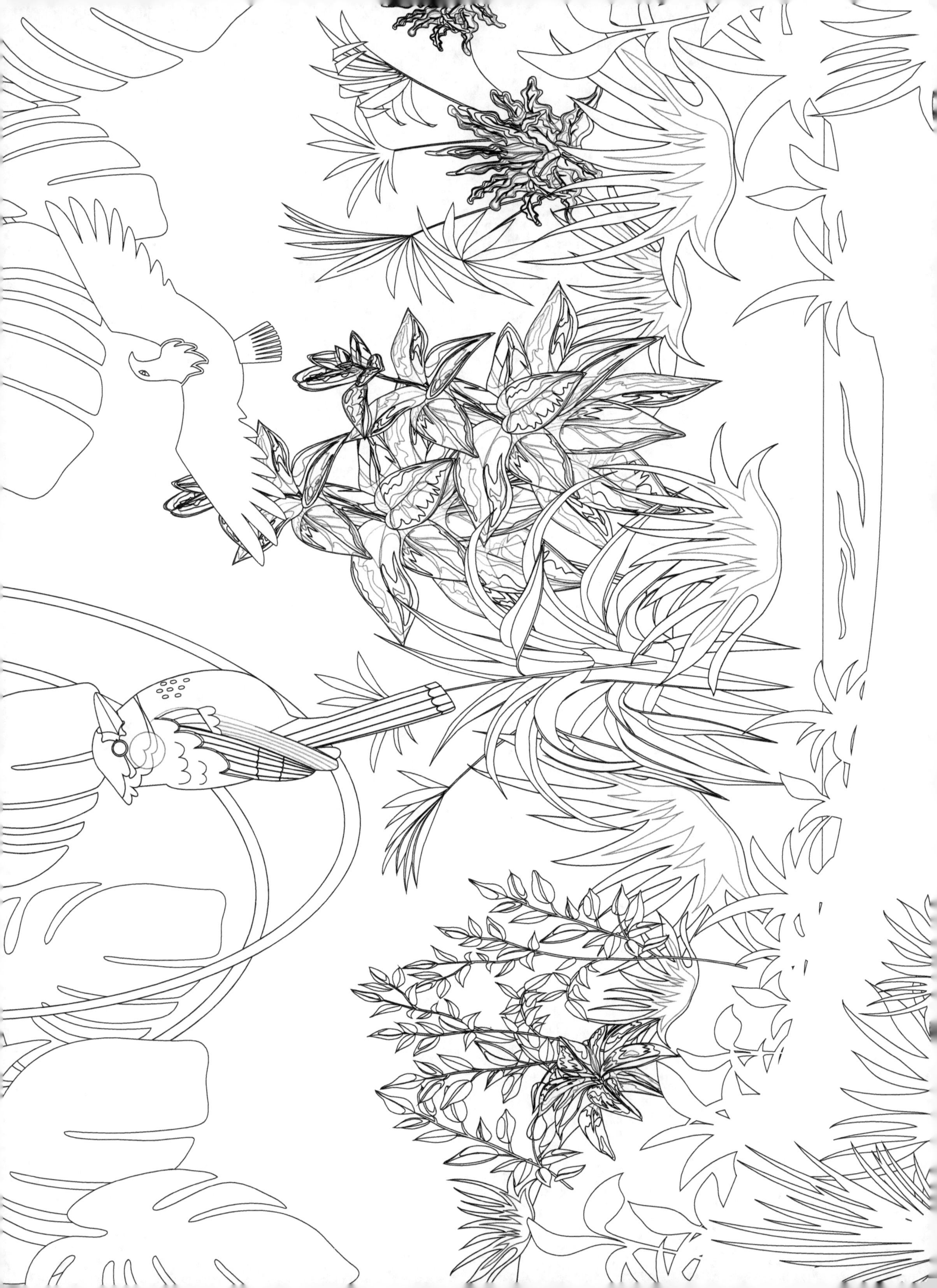

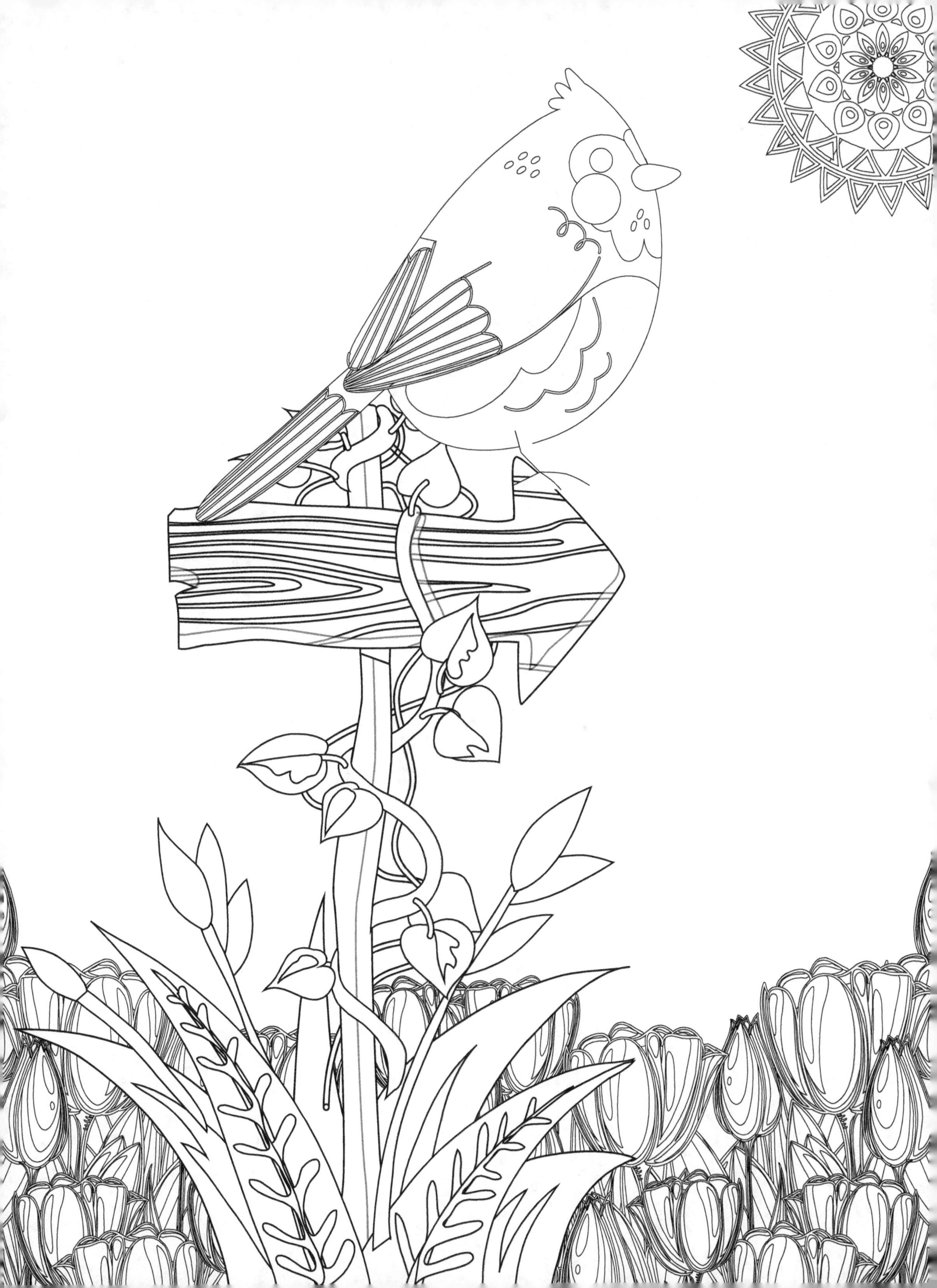

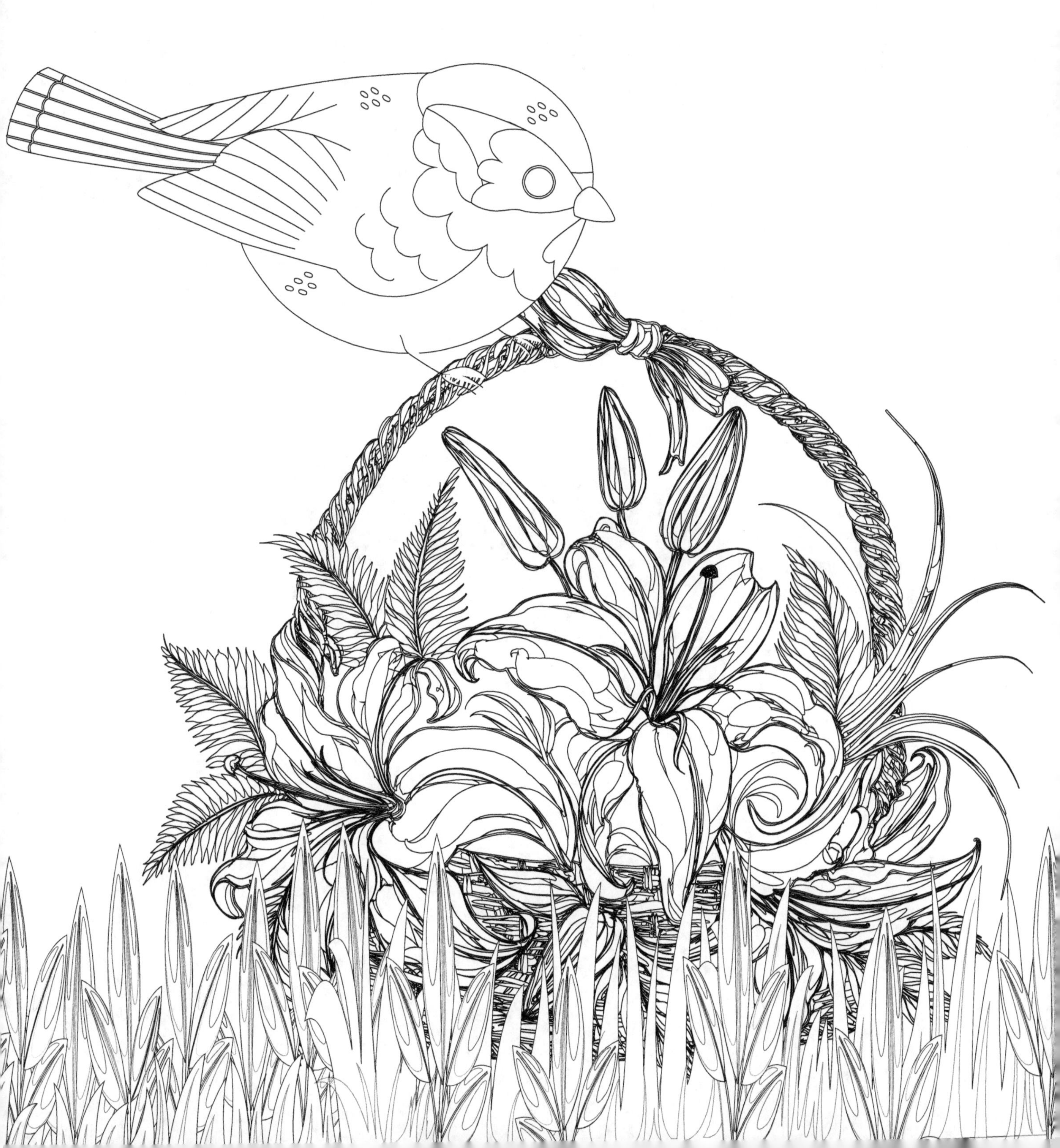

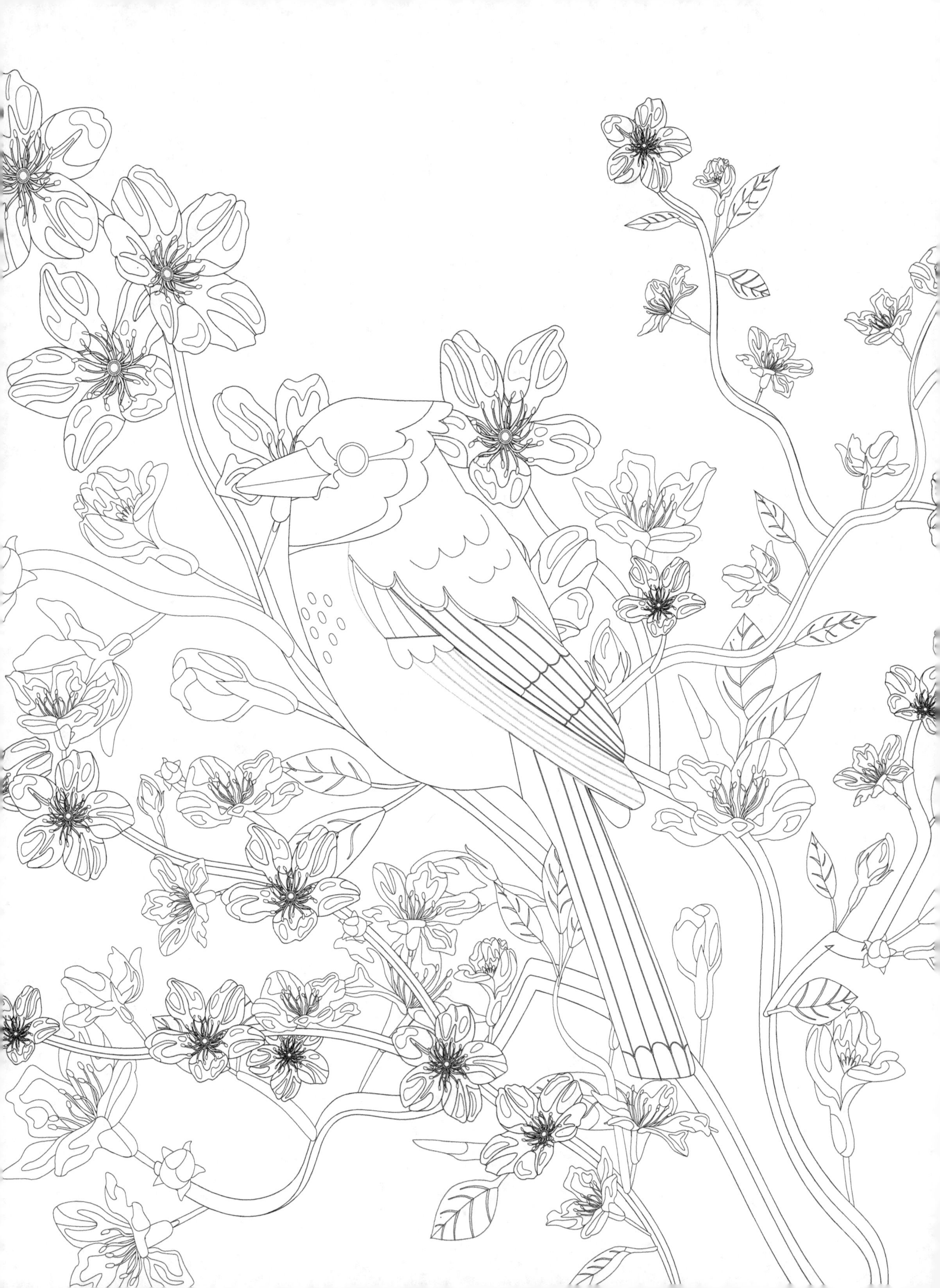

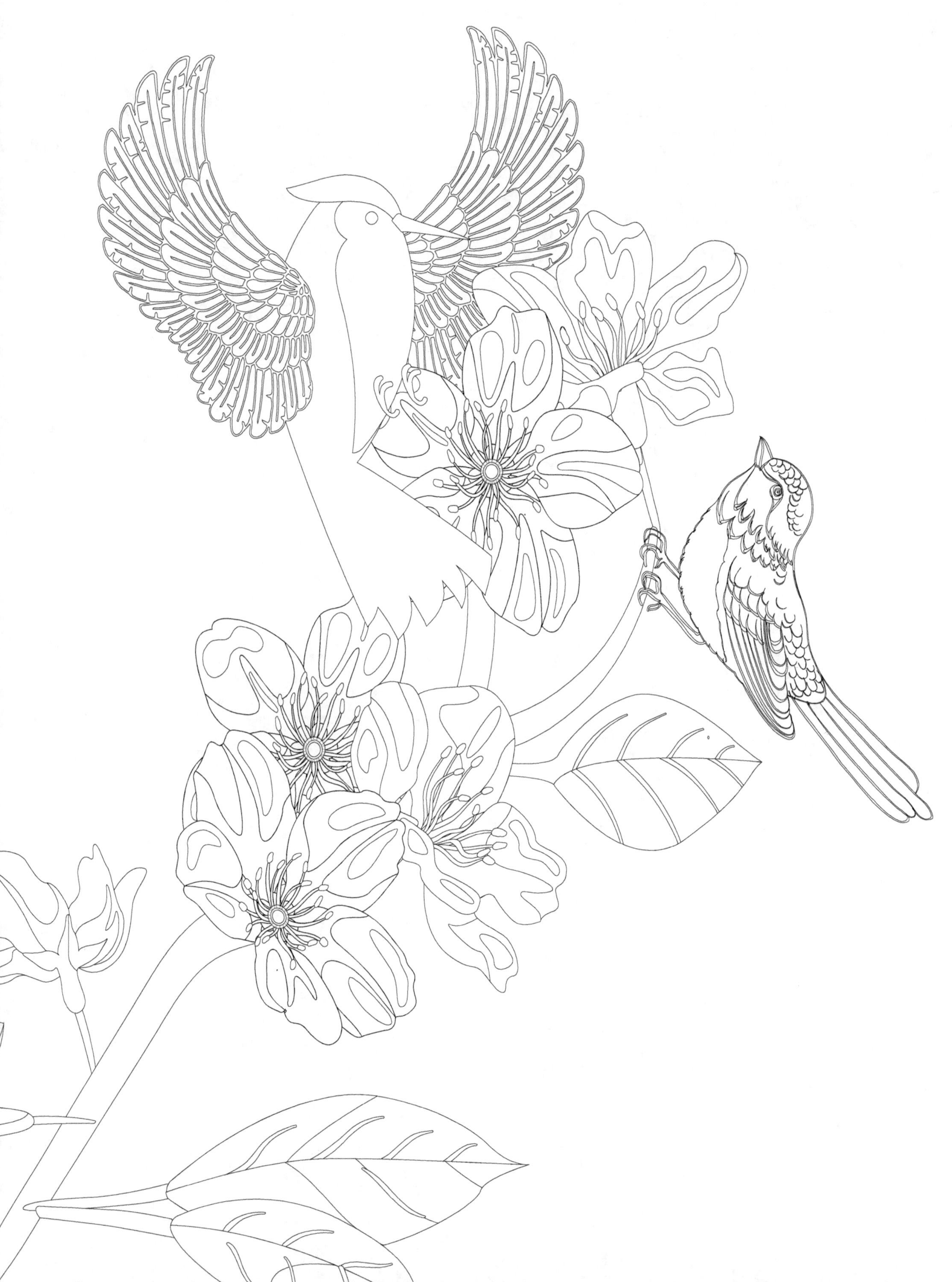

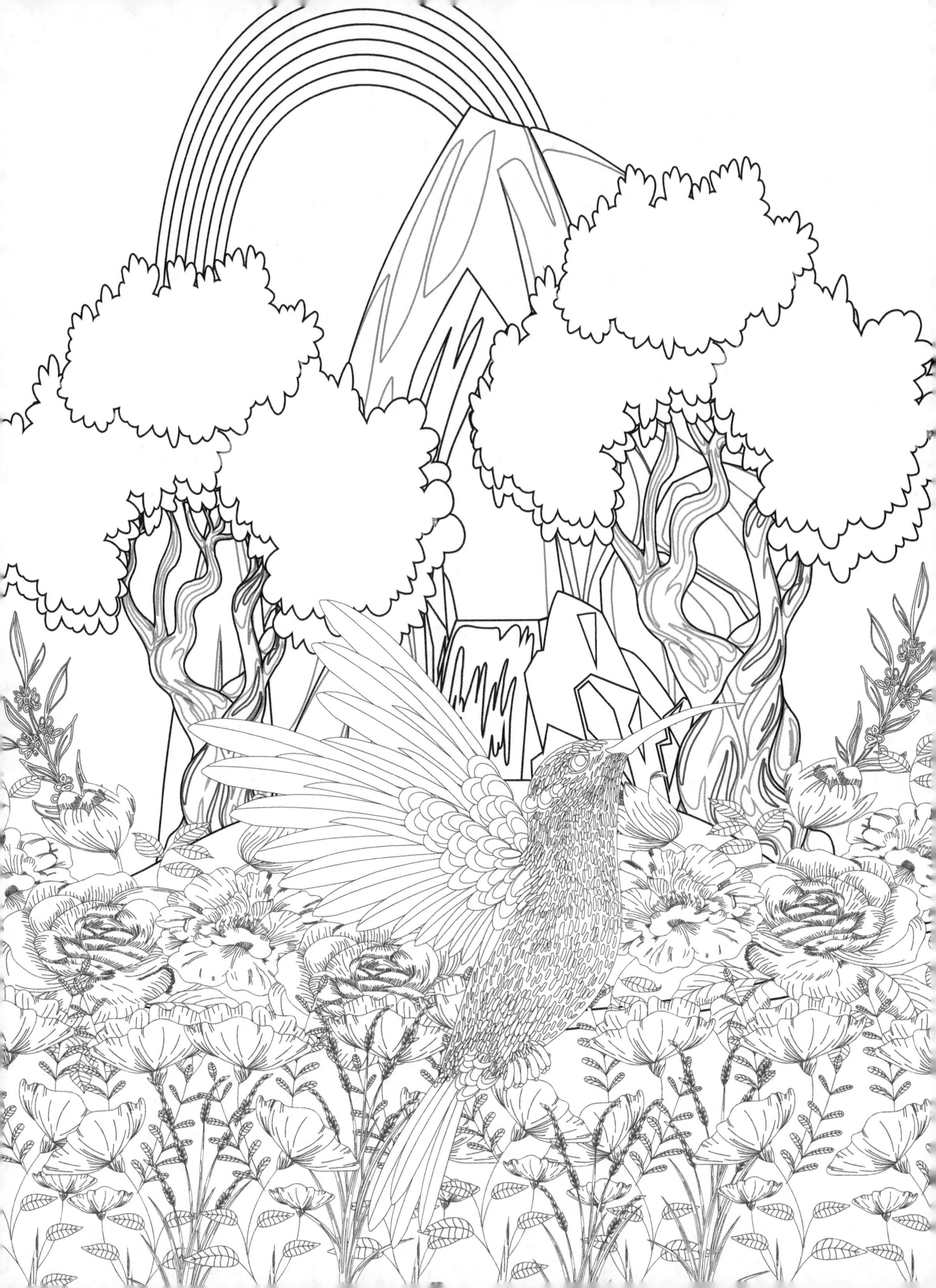

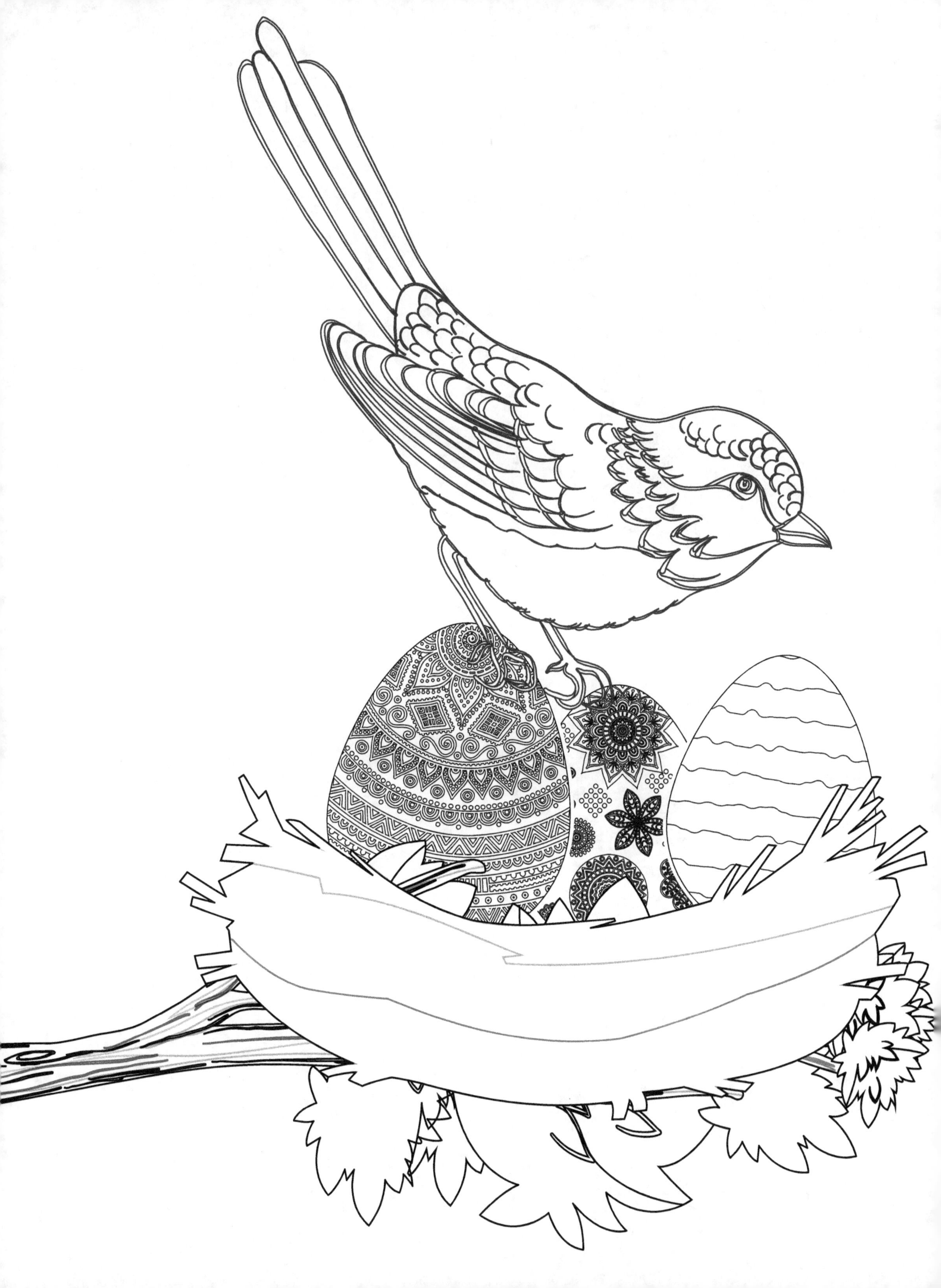

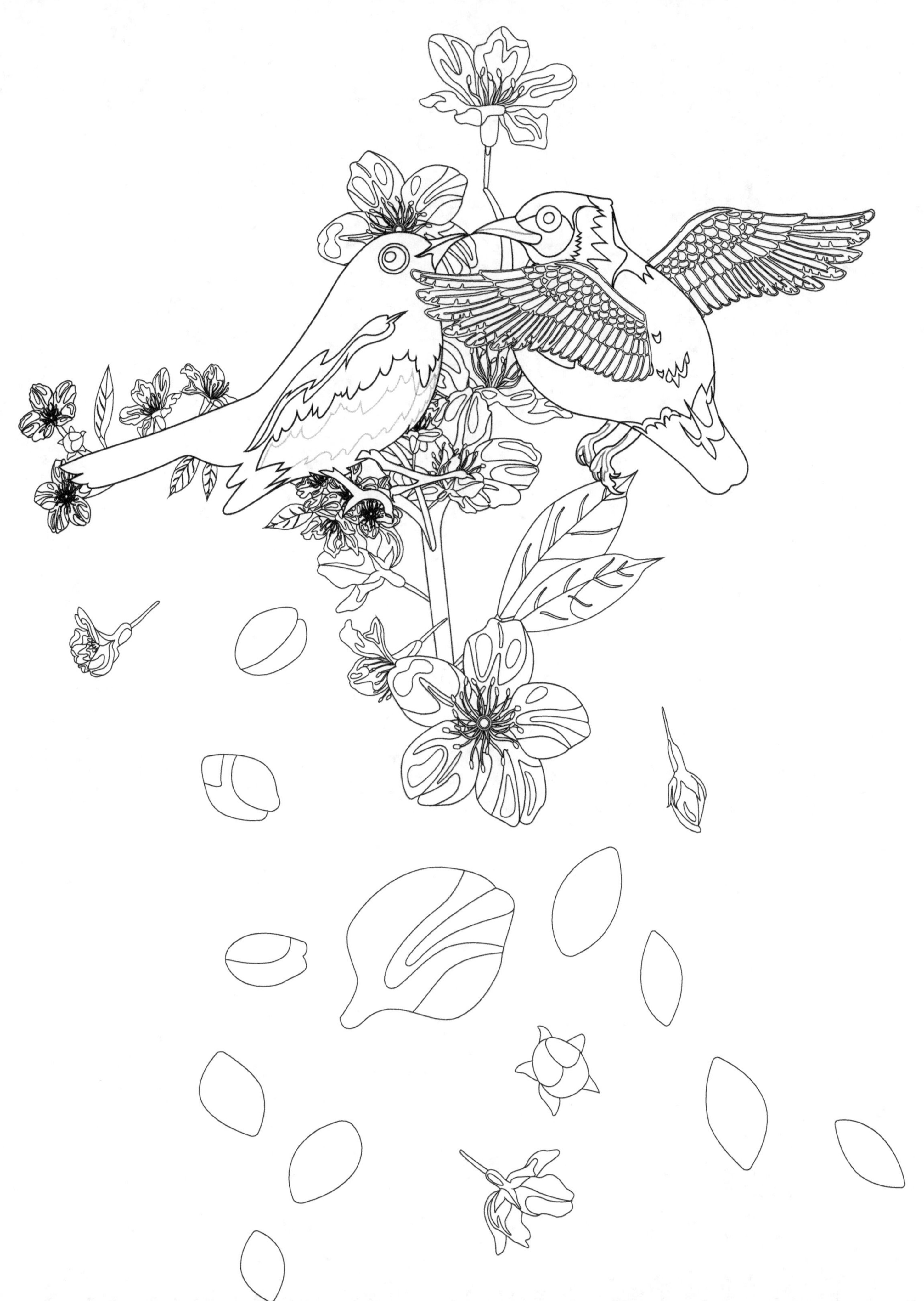

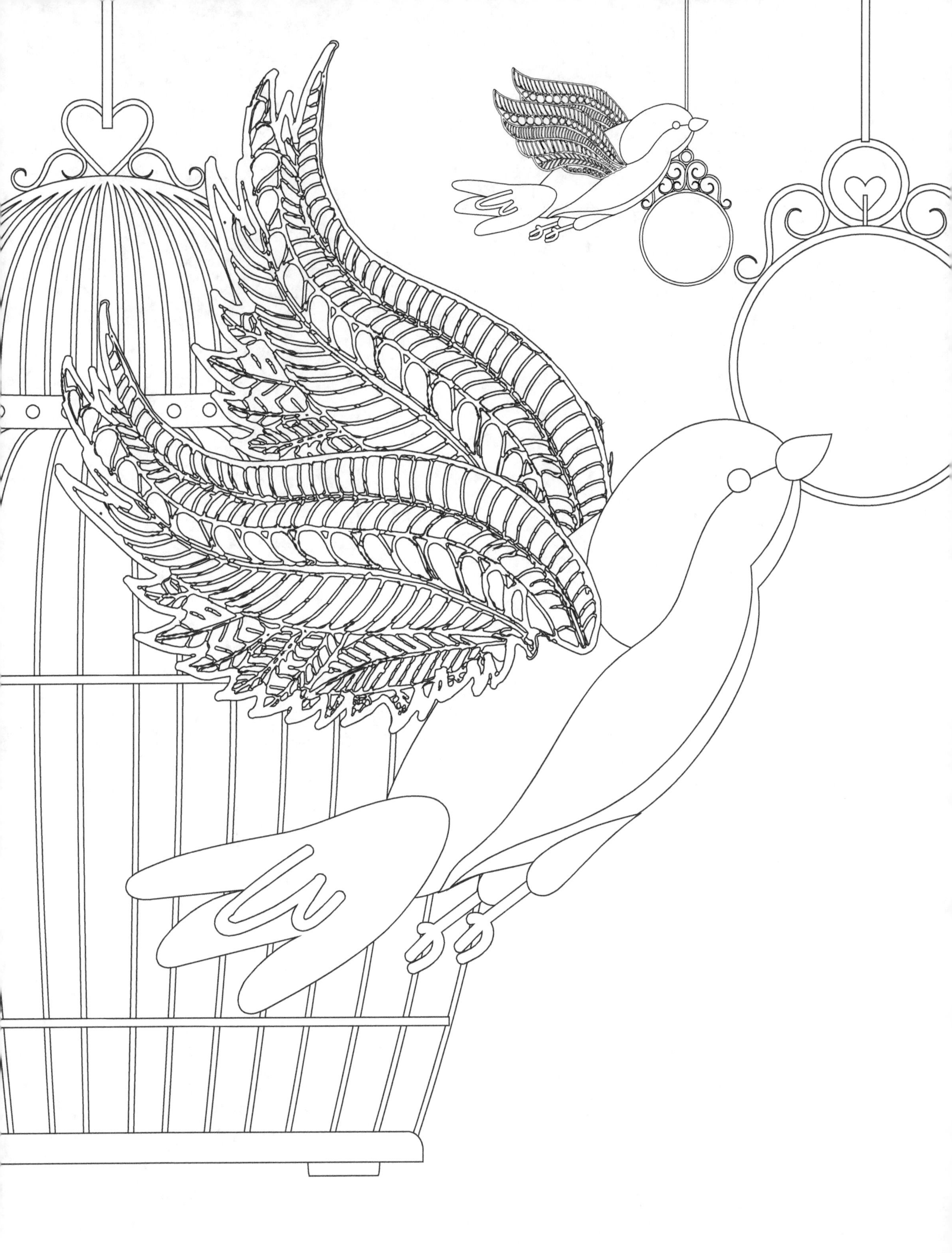

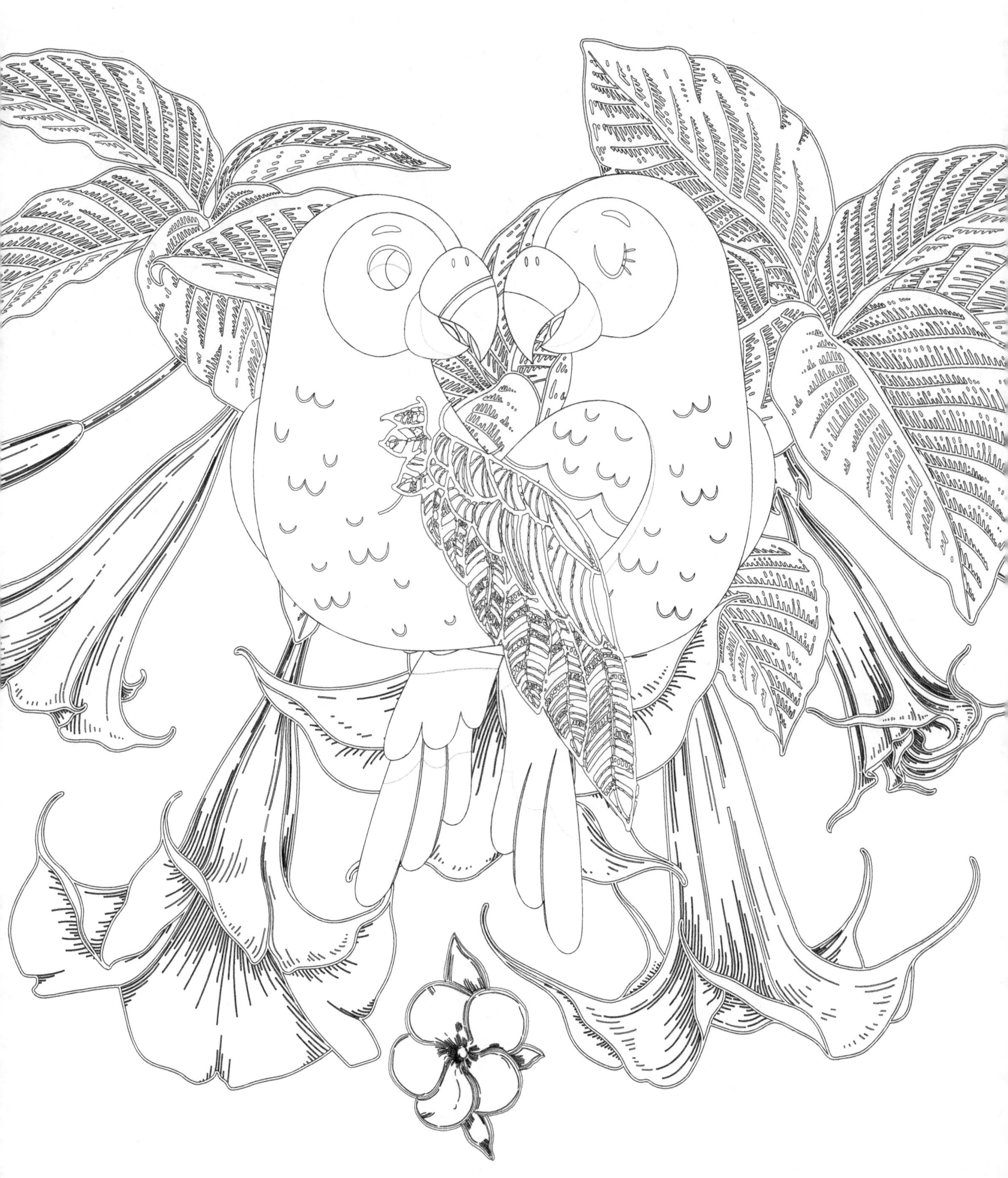

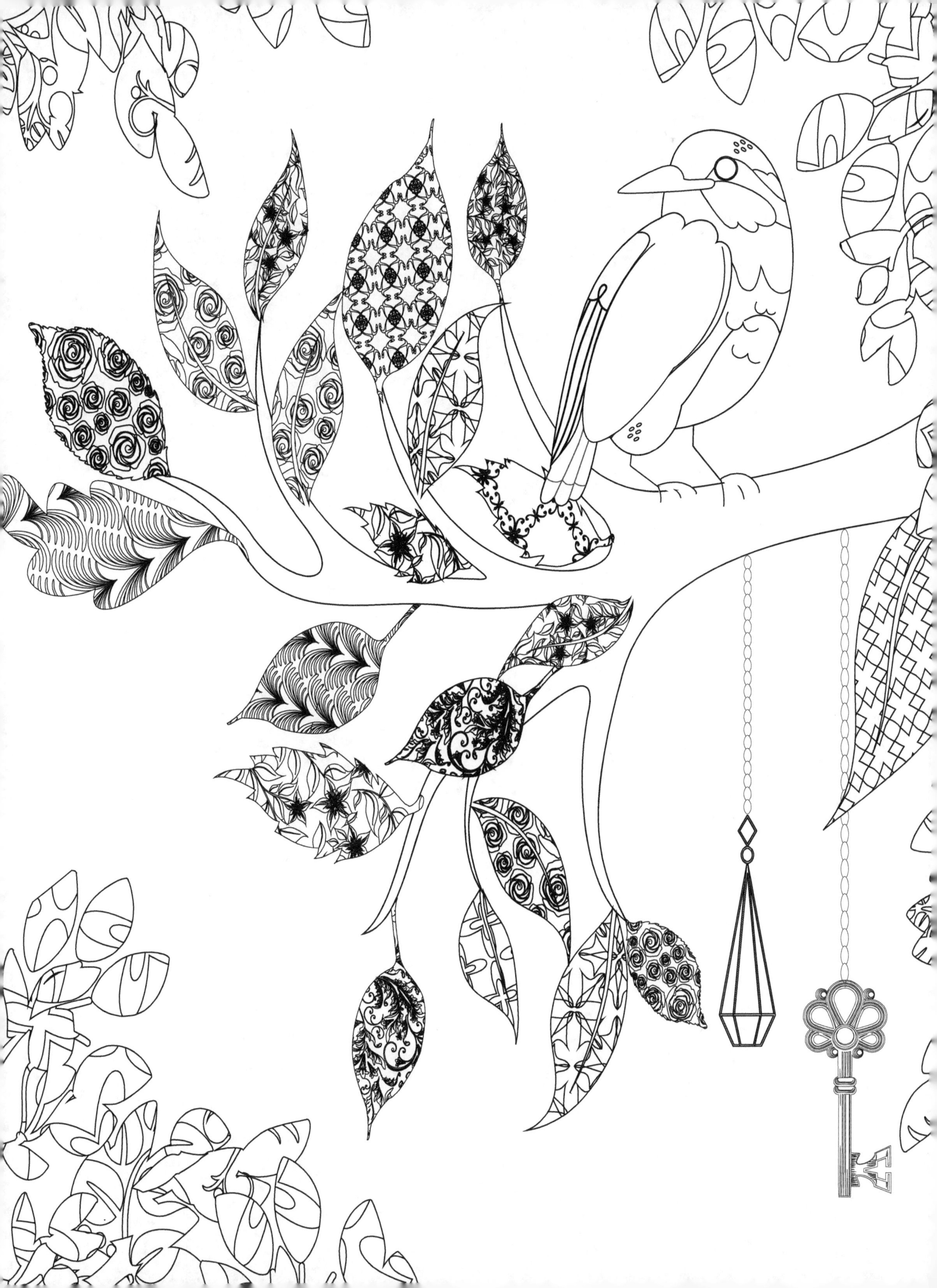

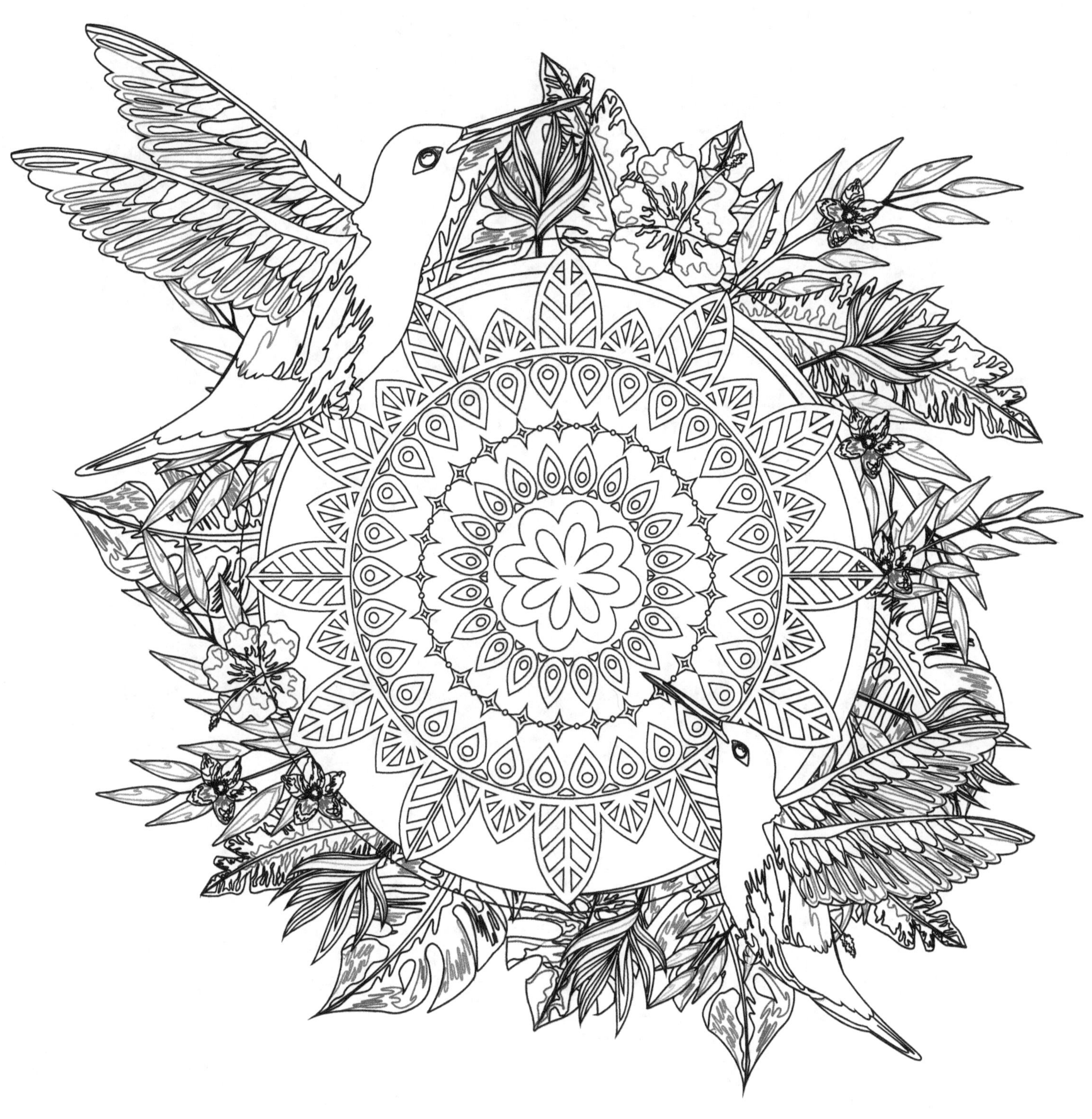

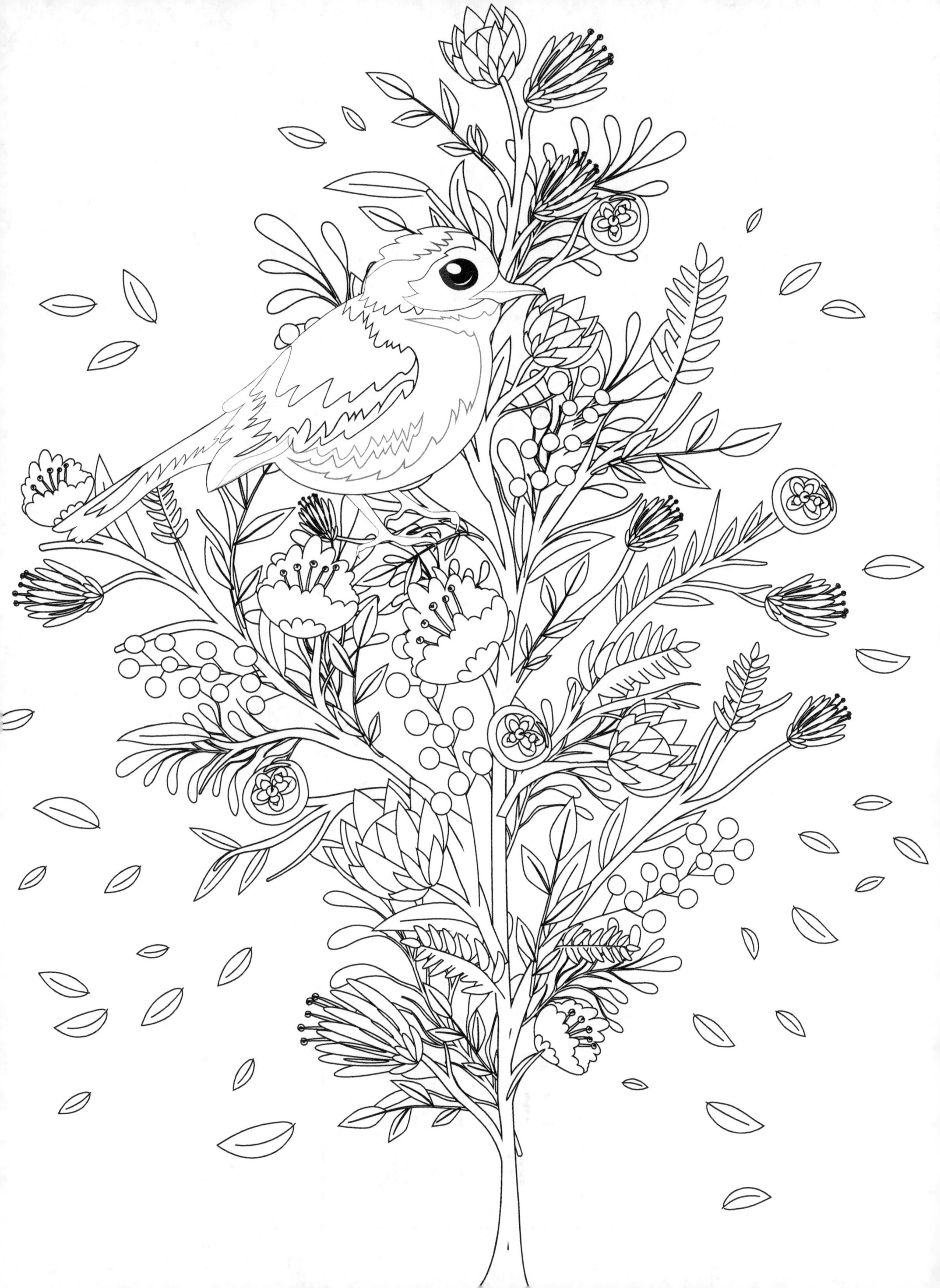